PROCÈS-VERBAL

D U

SERVICE SOLENNEL

POUR LEURS MAJESTÉS LES FEUS ROIS

LOUIS·XVI, LOUIS XVII,

LA FEUE REINE

MARIE-ANTOINETTE-JOSEPHE-JEANNE,

ARCHIDUCHESSE D'AUTRICHE,

ET SON ALTESSE ROYALE

MADAME ELISABETH-PHILIPPINE-MARIE DE FRANCE,

SOEUR DE S. M. LOUIS XVI;

Célébré à Hazebrouck, le vendredi 10 Juin 1814.

> Iniqua rarò maximis virtutibus
> Fortuna parcit.
>
> (*Seneca tragicus*).

PARIS,

IMPRIMERIE DE J. B. SAJOU, RUE DE LA HARPE, N.º 11,
1814.

PROCÈS-VERBAL

Du Service solennel pour leurs Majestés les Feus Rois Louis XVI, Louis XVII, la Feue Reine Marie-Antoinette - Josephe - Jeanne , Archiduchesse d'Autriche , et Son Altesse Royale Madame Elisabeth-Philippine - Marie de France, Sœur de Sa Majesté Louis XVI; célébré à Hazebrouck, le vendredi 10 Juin 1814.

L'AN de grâce mil huit cent quatorze, le vendredi dixième jour du mois de Juin, sur les dix heures du matin, les Autorités civiles, judiciaires, et les divers fonctionnaires publics, résidans en la ville d'Hazebrouck, réunis dans une des salles de l'hôtel-de-ville, d'après les lettres d'invitation, écrites, le huit du même mois, par Monsieur le Chevalier Revel de Saint-Mart, Maire de ladite ville, sont partis en cortége et en costume, pour se rendre à l'Eglise paroissiale où devoit se célébrer un Service solennel pour leurs Majestés les Feus Rois Louis XVI et Louis XVII, la Feue Reine, Epouse de Louis XVI, et Son Altesse Royale Madame Elisabeth-Philippine-Marie de France.

Monsieur le Doyen d'Hazebrouck avoit bien voulu retarder jusqu'à ce jour la célébration de ce service, sur la demande de Monsieur le Maire qui, interprète et représentant des habitans, avoit désiré donner, en leur nom, un témoignage de leurs vifs regrets pour l'illustre famille moissonnée par la faux révolutionnaire.

Le cortége est parti de l'hôtel-de-ville, précédé par le Corps de musique qui exécutoit une marche lugubre et mélancolique, parfaitement d'accord avec les sentimens de recueillement et de tristesse que les souvenirs, rappelés par la cérémonie actuelle, avoient imprimés dans tous les cœurs : le deuil extérieur des personnes étoit réellement l'expression de leur deuil intérieur.

Dans toutes les rues que devoit traverser le cortége flottoient aux fenêtres des habitations des drapeaux blancs sur lesquels ressortoient en noir les armes de France. Le peuple, répandu partout sur le passage des autorités, observoit un silence religieux, et les cloches qui, dès la veille, avoient annoncé la célébration du Service solennel auquel on se rendoit, frappoient au loin les airs de leurs sons lugubres, tandis que les instrumens laissoient mélodieusement échapper leurs accents mesurés et plaintifs.

Arrivé à l'Eglise, le cortége se plaça sur des bancs et des siéges qui lui avoient été préparés : les Epouses des Magistrats et des Fonctionnaires, les Dames les plus distinguées de la ville, en grand deuil, se placèrent au côté gauche de la nef et près du chœur où le Clergé commença, suivant les formes liturgiques, le Service solennel, objet de la réunion.

Des Musiciens de la ville auxquels, par les soins de Monsieur le Maire, s'étoient réunis des Musiciens étrangers, chantèrent, soutenus et accompagnés par les instrumens, à la satisfaction générale, la belle Messe des morts de Gossec.

Au milieu de la nef et à son extrémité supérieure, s'élevoit un Cénotaphe presqu'entièrement dans le style grand et sévère de l'antique, surmonté de la couronne, du sceptre et de la main de justice. Ses deux frontons étoient décorés du profil de Louis XVI, entouré d'étoiles de couleur d'or : des palmes se détachoient sur les quatre angles supérieurs du monument. Sur les deux petits côtés du parallélogramme se lisoient deux inscriptions en lettres blanches : l'une, vers l'autel, portoit ces mots :

> De ses rares vertus il a péri victime;
> Il fut bon sur le trône, et grand dans ses malheurs;
> Et, tombant sous le fer aiguisé par le crime,
> Offrit à Dieu, pour nous, son ame et ses douleurs.

L'autre, vers l'entrée de l'Eglise, étoit ainsi conçue :

> Sois à jamais bénie, ombre chère et sacrée!
> Tes larmes ont d'un Dieu désarmé le courroux;
> Il rend un nouveau Père à la France éplorée,
> Et déja le bonheur recommence pour nous.

Sur les grands côtés du parallélogramme, au milieu des fleurs-de-lys couleur d'or, se dessinoient les armes de France au dessous desquelles se lisoient ces mots :

Obiit 1793.

Deux Anges, précédés par deux chandeliers élevés sur des piédestaux, servoient d'accompagnement aux angles du Céno- taphe vers l'entrée de l'Eglise; deux autres chandeliers, également élevés sur des piédestaux, éclairoient les angles vers l'Autel. Les trois degrés du monument étoient recouverts de chandeliers d'argent. Le chœur et les deux premiers piliers de la nef étoient entièrement drapés de noir ; la chaire étoit recouverte de la même draperie, ainsi que les bancs des autorités principales.

La draperie du sanctuaire et celle latérale du chœur offroient plusieurs fois l'écusson de France, ressortant en blanc sur un fond bleu dont le losange étoit accompagné de têtes de morts. De pareilles têtes servoient de base aux chandeliers du grand Autel.

Tout cela donnoit un plus grand effet au Cénotaphe élevé sur les dessins et sous la direction de M. Joseph Ruissen, peintre distingué, et bien digne d'un grand artiste.

Les inscriptions étoient de M. Lavoine-Páris, contrôleur des contributions directes.

Pendant le cours de la cérémonie, M. Delancez, Doyen, Curé d'Hazebrouck, prononça, à l'entrée du chœur, un discours analogue à l'objet de la réunion.

Il commença par déplorer, avec une onction touchante, la mort funeste du Souverain regretté, à la mémoire duquel se célébroit le service, ensuite il passa au détail de ses bonnes qualités ; il s'attacha surtout à faire connoître Louis XVI par le testament même de ce Monarque, glorieux monument que ce Prince sans prétention s'éleva lui-même sur la fin de sa vie, sans se douter que, recueilli un jour par l'histoire, il seroit le plus beau fleuron de sa couronne immortelle. Il appuya surtout sur les sentimens religieux, dont le Monarque qu'il pleuroit, ne se départit jamais un seul instant : il fit connoître les regrets perpétuels de ce bon Prince pour une seule fausse démarche qui pouvoit jeter quelques ombres sur son obéissance à l'Eglise; il peignit avec une éloquente simplicité là résigna- tion de Louis XVI, dans ses derniers momens; l'intrépidité avec laquelle, soutenu par le pain de force et de vie, il con- somma son glorieux martyre.

Monsieur le Doyen, enfin, croyant avoir à justifier cette ex- pression de martyre, s'étaya sur le discours du Souverain Pontife au Sacré Collége, lorsqu'il eut célébré à Rome en 1793 un ser- vice à la mémoire de Louis XVI. Il finit par déplorer les progrès funestes de l'incrédulité, fit un éloge vrai, mais rapide, de la Religion catholique, apostolique et romaine; engagea, ex- horta, pressa, supplia, pour ainsi dire, son auditoire, de mar- cher, à l'exemple de Louis XVI, dans le sentier étroit, mais sûr, de cette Religion, puis il se retira laissant tous les cœurs pénétrés de l'effusion de son éloquence vraiment évangélique.

Vers la fin du Service, et après avoir, avec son Clergé, sui- vant la liturgie, alternativement encensé et aspergé d'eau bénite, à plusieurs reprises, le Cénotaphe, Monsieur le Doyen répéta dans le dialecte flamand, l'oraison funèbre qu'il avoit prononcée d'abord en français.

Ensuite le cortége sortit de l'Eglise dans le même ordre qu'il y étoit entré, et se rendit dans la même salle de l'hôtel- de-ville où il s'étoit réuni le matin; et, après que les Dames eurent également été introduites, Monsieur le Maire prononça le Discours suivant, dont l'impression fut demandée et con- sentie.

DISCOURS

PRONONCE

PAR M. REVEL DE S. MART,

Maire de la ville d'Hazebrouck.

Messieurs,

Quand un jour nous dirons à la génération qui s'élève qu'un Monarque, digne descendant du Bon Henri, qu'un Souverain qui fit asseoir avec lui sur le trône, la justice, la bonté, la clémence ; qu'un Roi dont le premier besoin étoit le bonheur de ses sujets, s'est élevé de l'échafaud vers le ciel, dans la capitale de son Royaume, et qu'il est mort indéfendu ; le respect seul et la confiance filiale empêcheront nos enfans d'être incrédules.

Mais si nous ajoutons, Messieurs, à cette analyse terrible de quelques feuillets de notre déplorable histoire, que ce Roi qui, en abolissant dans ses domaines privés, la servitude, préludoit à l'affranchissement de son peuple, que ce Prince qui tempéra l'éclat du trône pour ajouter au bonheur public ; que

ce descendant de soixante-cinq Rois, après avoir avec la fran-
chise d'une belle ame, appelé les députés des provinces pour
leur montrer les plaies du corps politique, et les consulter sur
les moyens de les cicatriser; paya de son autorité, de sa li-
berté, de sa vie, ce zèle ardent pour l'intérêt général; dites-moi,
Messieurs, quel sentiment succédera dans le cœur de nos enfans à cette incrédulité que le respect seul les empêchoit de
nous faire connoître?

Loin de moi, Messieurs, l'idée de réveiller les haines en
rappelant d'amers souvenirs, mais qui de vous n'a plus d'une
fois, fait ces réflexions, pendant le cours de la lugubre et
touchante cérémonie à laquelle nous venons d'assister? Qui
de vous n'a pas senti le besoin de devancer la voix de l'histoire
en lavant le nom Français de l'opprobre qu'ont cherché à
répandre sur lui les hommes pervers, qui, peu satisfaits de
faire d'un peuple généreux leur victime, ont tout essayé
pour tromper la postérité, en le lui présentant comme leur
complice.

Et quand pourrois-je mieux qu'aujourd'hui rendre justice à
ce peuple, dont j'ai l'honneur d'être l'un des Magistrats.

Au milieu du reproche, peut-être un peu mérité qu'on a
fait de tout temps à notre nation d'être légère, le monde en-
tier l'a toujours signalée par son amour pour ses Rois.

Sans doute les dernières années du règne de Charles VI, et
plus récemment encore, les fureurs de la ligue sous nos deux
derniers Henri, ont plongé la France dans des maux qui n'ont
pu être surpassés que par le long orage révolutionnaire; mais
alors même, ne voyons-nous pas nos ayeux, dès qu'ils le peu-

vent, voler avec les élans de la joie au devant de leurs Souverains légitimes, comme des fils chéris au devant d'un père adoré que des hommes méchans les ont longtemps empêché de serrer dans leurs bras.

Si la voix de la postérité, si celle plus inflexible encore de l'histoire ont su distinguer le Français au milieu de cette tourbe de factieux, dont il fut alors, comme il l'a été de nos jours, la première victime ; si l'on ne mit point dans la main de la nation le couteau de Jacques Clément ; pourquoi la chargeroit-on aujourd'hui de cet assassinat juridique inoui dans nos annales, et qui a été la porte sanglante ouverte à tous les maux, à tous les excès qui, après avoir plongé la France dans le sang, le deuil et les larmes, menaçoient d'engloutir, à son tour toute la terre civilisée ?

Non, Messieurs, non le Peuple Français ne fut point coupable, et j'en tire la preuve de la grandeur des maux qui ont pesé sur lui.

Que de fois ses trésors, son industrie, sa vie même, ont été la proie des mêmes hommes qui l'avoient privé de son Souverain ! Sous combien de noms divers, pesa sur lui leur sanglante tyrannie !

S'il a fallu que l'Europe entière se liguât pour la détruire, oseroit-on reprocher à la France désolée d'avoir si longtemps courbé la tête sous son joug de fer ?

Ah ! si pour le bonheur de la grande famille européenne, nos augustes Alliés nous eussent offert plus tôt leur bras protecteur, ils en ont eu la preuve ; avec quel empressement les aurions-nous secondés pour replacer sur le trône notre bien aimé Souverain.

Louis XVI lui-même a lavé, Messieurs, le Français du reproche qu'on voudroit lui faire; il fit un appel à la nation..... à la nation..... il étoit donc bien certain, ce bon Roi, de la tendresse immortelle des Français pour leur Souverain, et qui vient de se renouveller avec tant d'éclat autour de notre nouveau Maître.

Et comment d'ailleurs, Messieurs, le Peuple Français n'eût-il pas adoré le Prince que nous pleurons?

Quel Souverain posséda mieux cette qualité si rare dans ceux que leur naissance appelle au rang suprême, si rare même, nous l'avons éprouvé, dans ceux que le hasard ou la colère divine ont placé sur le trône? Je veux parler de l'affabilité, cette affabilité ravissante qui embellit toutes les vertus; l'affabilité nécessaire à tous les Souverains sans doute, mais indispensable à un Roi dont un seul regard suffit pour payer ses sujets des plus grands sacrifices.

Que n'avons-nous ici, Messieurs, quelques-uns de ceux qu'il honora de son intimité, nous en apprendrions que, dans son intérieur, comme dans les cérémonies d'éclat, cette qualité précieuse dirigeoit, assaisonnoit ses réponses, pour ainsi dire à son insçu.

Quelle douceur! Quelle bonté! Quelle modération! Quelle indulgence! Je dirai même quel excès d'indulgence! N'est-ce pas en effet l'abus de cette vertu qui l'a livré le premier, et nous après lui, à des malheurs que l'histoire ne tracera qu'en frémissant?

À Dieu ne plaise pourtant, Messieurs, que j'aille reprocher à la mémoire de Louis le Martyr un excès de bonté qu'il a payé si cher, une erreur qui fait connoître si honorablement pour lui, toute la bonté de son ame; mais si ce Prince auquel le crime a eu l'atroce impudence de reprocher d'avoir fait couler le sang français, si ce Prince se fût ressouvenu que la clémence est un abus qui a des suites toujours funestes, quand elle a pour objet des méchans, peut-être le bénirions-nous aujourd'hui plein de vie sur le trône qu'il honora, au lieu de verser des pleurs sur sa tombe.

Cet excès de bonté est le seul reproche que l'histoire puisse lui faire comme Roi, et plût à Dieu que la France n'eût jamais eu à craindre d'autres excès de la part de ceux qui l'ont gouvernée! Mais si nous le considérons comme époux, comme père, comme ami, comme particulier, avec combien d'effusion a-t-il offert un modèle presqu'inimitable de tendresse, de complaisance, de prévenance et d'attention! Quel cœur a jamais plus vivement manifesté les sentimens d'époux et de père qu'alors surtout l'amour-propre, ou plutôt la fausse honte faisoit déguiser, même à l'homme obscur.

Mais ce seroit, Messieurs, laisser imparfaite cette esquisse rapide du Monarque que nous pleurons, que de ne point parler ici des sentimens de Religion que le Ciel avoit imprimés dans son cœur, au milieu des séductions du rang suprême et malgré les allarmans progrès d'une impiété audacieuse, adroitement couverte du manteau d'une captieuse philosophie.

Jamais même dans ces temps malheureux où les rênes de l'Etat flottoient entre ses mains incertaines, jamais il ne s'écarta de l'étroit sentier de la Religion, et c'est à elle seule, pour ainsi dire, qu'il a fait le sacrifice, non seulement du rang suprème, mais encore de sa vie et de ses affections les plus chères.

Aussi combien, soutenu par elle, fut-il grand et résigné dans les fers!

Jamais Louis, Messieurs, ne dévia de ses principes, jamais son ame franche, simple et pure ne fut altérée par le souffle empoisonné de la flatterie, jamais un favori ne put se placer entre lui et le peuple; jamais une passion illicite ne vint ternir ses bonnes qualités. Il voulut constamment le bien, le fit très-souvent, crut toujours le faire; et, s'il se trompa dans les moyens qu'il employa pour y parvenir, cette erreur qu'il a payé si cher, fait encore l'éloge de la candeur de son ame.

Il offrit constamment sur le trône le zèle de la vertu, la simplicité de la foi, l'autorité de l'exemple, et il peut être, à juste titre, appelé le restaurateur des mœurs.

Si quelque chose, Messieurs, doit nous consoler, et consoler surtout nos enfans de la perte d'un Roi, le plus digne descendant d'Henri IV, et que leurs yeux n'ont jamais vu; c'est de vivre aujourd'hui sous les lois de son frère, de ce Prince qui n'avoit pas besoin de l'adversité pour être le meilleur des Souverains, mais auquel elle a donné cette volonté ferme, cette persévérance soutenue, cette résolution inébranlable de déployer, pour le bien de l'Etat, toute la force de son autorité.

Instruit par les leçons de l'expérience, nous le verrons disposer tout avec douceur, suivre ses projets avec force, unir la clémence à la fermeté, parce qu'il sait qu'un Gouvernement foible est aussi funeste au peuple, par le désordre et l'anarchie, que le Gouvernement le plus dur et le plus rigoureux.

Bientôt, la France, épuisée par vingt-cinq ans de calamité et de guerre, va se relever comme d'une longue et douloureuse infirmité, et redevenir, ce qu'elle devroit être toujours par sa position, son activité, son industrie, ce qu'elle a toujours été sous un Gouvernement sage, prudent et paternel, la nation la plus heureuse de l'univers.

VIVE LE ROI. .

Fait et rédigé à Hazebrouck, le 12 juin 1814.

Suivent les Signatures.

Pour copie conforme,

Le Maire de la Ville d'Hazebrouck,

REVEL DE S. MART.